Dios es grande

Editorial La Biblia dice así

Dios es grande

Un libro para niños producido por
Editorial La Biblia dice así

Traducido del inglés.
Título original: God is Big
(Spanish translation)

PUBLICADO POR
THE BIBLE TELLS ME SO CORPORATION
WWW.THEBIBLETELLSMESO.COM

Primera impresión, febrero 2025.

¡Nuestro Dios es
muy grande!

Él es inmenso
e infinito.

Comparado
con nuestro Dios,

todo es pequeñito.

Dios es más grande que tú

y más grande que yo.

Los leones no son los más grandes

ni los árboles, ¡no!

Dios
es más grande
que la tierra

y todos
los planetas,

y más grande
que el sol,

las estrellas
y los cometas.

No se puede
medir a Dios;

no se puede en absoluto.

Él es más grande
que lo grande,

y Él es
más alto
que lo alto.

Dios es tan grande que,
de hecho,

Él llena
todo lugar.

Así que,
es bueno saber...

que Dios
siempre aquí
estará.

...He aquí que los cielos
y los cielos de los cielos
no te pueden contener.

1 Reyes 8:27b

Para mas libros, videos,
canciones y manualidades,
visítenos en línea en:
LaBibliadiceasi.com

La Biblia dice así .com ™

¡Crecemos basados en la Biblia!

Made in the USA
Columbia, SC
26 February 2025

54456500R00020